Kochbuch für Kinder von 7 Jahren an

Lirum-Larum-Löffelstiel

VERLAG FÜR LEHRMITTEL PÖSSNECK

Liebe Kinder!

Gewiß ist es für euch selbstverständlich, euren Eltern bei der Hausarbeit zu helfen, um Zeit zum gemeinsamen Spielen, Basteln oder Wandern zu schaffen. Habt ihr aber auch schon einmal daran gedacht, mit Mutti oder Vati zu kochen?
Sicher, Kochen ist kein Spiel, aber es ist eine interessante und nützliche Beschäftigung, die Freude bringt. Wenn ihr schon etwas Übung darin habt, könnt ihr die Eltern und Geschwister auch einmal mit einem selbständig zubereiteten Gericht überraschen.
Zu einer fröhlichen Familien-Mahlzeit gehört es auch, den Tisch hübsch zu decken und die Speisen nett anzurichten.
Kochen macht Spaß! Probiert es aus! Unser Kochbuch hilft euch dabei!

Lirum – Larum – Hirsebrei!
Koch und Köchin eilt herbei!

Was ihr für das Kochen braucht!

Kennt ihr diese Küchengeräte?
Überprüft, ob ihr sie alle griffbereit in der Küche findet und überlegt, wozu ihr sie braucht!

Ohne Herd könnt ihr nicht kochen. Es gibt Kohle-, Gas- und Elektroherde. Am häufigsten wird der Elektroherd benutzt, deshalb solltet ihr ihn genau kennen.

Schaltstufe III:	stärkste Hitze – zum Ankochen, Anbraten, Anrösten, für Schnellgerichte
Schaltstufe II:	Mittelhitze – zum Anbraten, Bräunen, Schmoren
Schaltstufe I:	milde Hitze – Fortkochstufe für alle Speisen, die länger als 15 Minuten Garzeit brauchen.

Ein elektrischer Herd benötigt eine Anwärmzeit. Nach dem Einschalten dauert es eine Weile, bis die Platten heiß werden.

Energie-Spartips

1. Schaltstufe III nur zum Ankochen benutzen!
2. Nur passende Töpfe nehmen!
3. Topfdeckel verwenden!
4. Kartoffeln und Gemüse mit heißem Wasser ansetzen!
5. Immer die richtige Kochstufe einschalten!

Vorsicht beim Benutzen von Stielpfannen!

falsch – Unfallgefahr

richtig

Ordnung und Sauberkeit sind die wichtigsten Forderungen in der Küche. Deshalb müssen alle Geräte nach jedem Gebrauch gesäubert und wieder an ihren Platz gebracht werden.

Auch der Elektroherd muß nach dem Kochen gereinigt werden. Dazu müssen alle Herdplatten ausgeschaltet und abgekühlt sein. Die emaillierten Flächen werden mit warmem Fitwasser abgewischt und mit einem weichen Lappen nachgetrocknet.

Vor dem Kochen müßt ihr euch gründlich die Hände waschen. Eure Kleidung schützt ihr durch eine Schürze. Damit kein Haar ins Essen fällt, setzt ihr ein Häubchen auf oder bindet ein Tuch um.

Einfach herzustellen: ein Küchenhäubchen

Lirum – Larum – Knusperdrache! Seltsam ist die „Küchensprache"!

Jeder Beruf hat seine Sprache. Sie wird Fachsprache genannt. Auch die Köche und Köchinnen benutzen ihre Fachsprache. Sagen sie „entbeinen", so heißt das, das Fleisch wird von den Knochen gelöst. Sagen sie „panieren", so meinen sie, die Fleischscheibe wird vor dem Braten in Mehl, Ei und Semmelmehl gewälzt. Viele solcher Fachausdrücke besitzt die Sprache der Köche. Auch in den Rezepten findet ihr diese.

Garmethoden

Küchen-ABC

A = Abschmecken
Wenn die Speise gar ist, kosten, ob noch ein Gewürz fehlt.

A = Abschrecken
Eier nach dem Kochen kurze Zeit in kaltes Wasser legen; gare, auf einem Sieb abgetropfte Teigwaren mit klarem Wasser übergießen. Eier lassen sich besser schälen, Teigwaren kleben nicht aneinander.

A = Abziehen
In fertige Suppen und Soßen verquirltes Eigelb oder das ganze Ei schnell unterrühren, danach nicht mehr kochen lassen.

A = Anbraten
Fleischstücke in sehr heißem Fett von allen Seiten rasch anbräunen.

B = Binden
Soßen, Suppen und Eintopfgerichte mit in wenig kaltem Wasser angequirltem Weizen- oder Stärkemehl aufkochen; gedünstetes Gemüse, Gulasch mit wenig Mehl überstäuben, umrühren, aufkochen.

B = Braten
Fleisch nur in heißem Fett garmachen, so daß eine schöne braune Kruste entsteht. Nicht anspießen, nur mit Löffel oder Bratenwender umdrehen.

D = Dünsten
Garen im eigenen Saft unter Zugabe von wenig Fett und Flüssigkeit.

E = Eischnee
Eiweiß sorgfältig vom Eigelb trennen und gut gekühlt so lange schlagen, bis es steif ist. Sofort unter die Speise heben, nicht rühren.

K = Kochen, Sieden
Kochgut in reichlich Flüssigkeit garen. Nach dem Ankochen Hitzezufuhr mindern, langsam weiterkochen.

M = Marinieren
Gemüse, Fisch, Fleisch in einer Mischung aus Wasser, Essig, Zucker, Salz, anderen Gewürzen und Kräutern durchziehen lassen.

M = Mehlschwitze
Mehl in erhitztem Fett hellgelb bis braun werden lassen (je nach Gericht), mit kalter Flüssigkeit aufgießen, unter ständigem Rühren durchkochen.

P = Panieren
Fleisch-, Fisch- und Gemüsescheiben vor dem Braten in Mehl, verquirltem Ei und Semmelmehl wenden.

S = Schmoren
Fleisch oder Fisch in sehr heißem Fett anbraten, unter mehrmaliger Zugabe von siedendem Wasser garmachen.

W = Würzen
Speisen mit Salz, Zucker, Essig, Paprika usw. versehen, damit sie kräftig schmecken. Erfolgt im Gegensatz zum Abschmecken zu Beginn oder während des Kochens.

Lirum – Larum – ohne Frage, wichtig ist die Küchenwaage!

Sie gehört mit zu den Küchengeräten, die immer gebraucht werden, denn sagt selbst, ist es nicht ein Unterschied, für eine Person oder für vier Personen zu kochen? Für die richtigen Mengen sorgt die Waage.

Was aber, wenn keine Waage vorhanden ist? Kluge Köche wissen sich zu helfen. Nehmt einen Meßbecher oder andere Küchengeräte zu Hilfe, denn ohne Waage geht es auch!

Maßtabelle

	1 Teelöffel	1 Eßlöffel	1 Tasse
Zucker	4 g	13 g	180 g
Salz	5 g	20 g	–
Mehl	2 g	8 g	110 g
Grieß	4 g	12 g	140 g
Reis	5 g	18 g	180 g
Haferflocken	2 g	10 g	80 g
Stärkemehl	2 g	–	–
Öl	5 g	15 g	–
Fett, Margarine, Butter	–	15 g	–
Flüssigkeit	–	8 = $^{1}/_{8}$ l	–

Fertigt eine solche Tabelle an und hängt sie in die Küche!

Frische Küchenkräuter haben eine ausgezeichnete Würzkraft und sind wertvolle Vitaminträger. Deshalb dürfen sie nicht mitkochen und werden gut gewaschen und zerkleinert den fertigen Gerichten beigefügt.
In Blumentöpfen oder -kästen könnt ihr diese Küchenkräuter selbst ziehen.

Außer den abgebildeten Küchenkräutern gibt es eine Vielzahl von Gewürzen, die den Speisen erst den richtigen „Pfiff" geben. Arbeitet mit der Gewürztabelle!

Kleine Gewürztabelle

Abschreiben, in die Küche hängen!

Gewürz	**Speisen**
Beifuß	Enten-, Gänse-, Schweinebraten, Schmalz, Mayonnaise
Curry	Reis, Fisch, Fleisch, Geflügel, hartgekochte Eier
Gewürzkörner (Piment)	Fleisch, Fisch, Suppen, Brühe, Soßen, Kohl
Kapern	Fisch, Fleisch, Eier, Soßen, kalte Platten
Kümmel	Kohl, Kartoffeln, Quark, Fleisch
Lorbeerblatt	Fleisch, Fisch, Soßen, Suppen, Kohl
Majoran	Bratkartoffeln, Kartoffelsuppe, Kräuterkäse
Muskatnuß	Brühe, helle Soßen, Gemüse, Reis
Paprika	Gulasch, Huhn, Soßen, Suppen, Quark, Käse, Salate
Pfeffer	Fleisch, Fisch, Soßen, Suppen, Salate
Vanille	Süßspeisen, Kompott, Kaltschalen
Zimt	Süßspeisen, Kompott, Kaltschalen

Diese Gewürze während der Zubereitung zufügen!

Für die Aufbewahrung von Gewürzen eignen sich kleine getönte Industriegläser. Schreibt die Namen der Gewürze auf Schildchen und klebt sie auf die Gläser!

Lirum – Larum – Zuckerdraht! Achtet auf den guten Rat!

Zucker, Salz, Mehl, Teigwaren, Eier und ein paar Konserven sollten ständig vorrätig sein und immer wieder ergänzt werden. Achtet aber beim Verbrauch darauf, stets zuerst die älteren Vorräte zu verwenden.

Das sind Nahrungsmittel, die nicht leicht verderben!

Diese Nahrungsmittel gehören in den Kühlschrank!

- Am Wochenanfang Nahrungsmittel kaufen, die nicht leicht verderben!
- Täglich oder am Wochenende Nahrungsmittel kaufen, die leicht verderben!
- Stellt einen Einkaufsplan zusammen!

Nun wißt ihr schon gut Bescheid.
Aber was kocht ihr heute? Und morgen? Und die ganze Woche? Es ist gar nicht einfach, aus vielen Rezepten einen Wochenspeiseplan zusammenzustellen. Die Gerichte müssen zueinander passen, abwechslungsreich und gesund sein.

Wochenspeiseplan

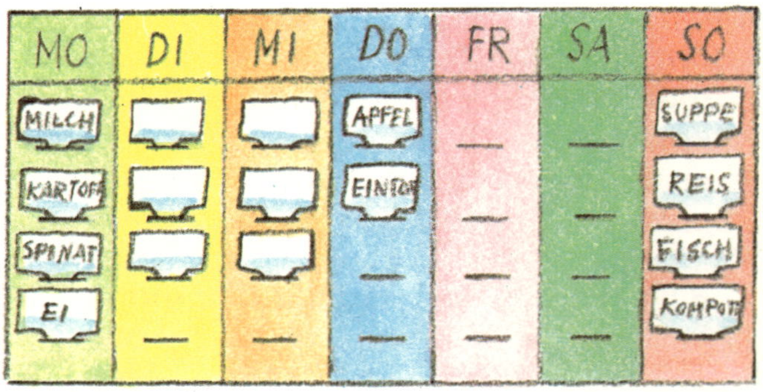

Fertigt einen solchen Plan an! Beratet mit den Eltern, was gegessen werden soll, und steckt euren Wochenspeiseplan!

Küchentips

Butter rührt sich schneller sahnig, wenn die Schüssel vorher angewärmt wird.

Eier platzen beim Kochen nicht, wenn sie vorher am breiten Ende angestochen werden (Eipick) und dem Wasser etwas Salz zugesetzt wird.

Kopfsalat bleibt länger frisch, wenn er mit den Schnittstellen in eine Schüssel mit wenig Wasser gestellt wird.

Beerenobst zum Waschen nicht ins Wasser legen, sondern in einem Sieb unter fließendem Wasser säubern.

Mit Mehl angedickte Speisen nicht in heißem Zustand zudecken, weil sie durch das Schwitzen wieder dünnflüssig werden.

Gemüse bleibt länger frisch, wenn es in ein feuchtes Tuch gewikkelt wird.

Kochwasser von Gemüse und Salzkartoffeln nicht weggießen, sondern für Suppen oder Soßen verwenden.

Zwiebelschälen unter fließendem Wasser verhindert Tränen.

Gewürzpaprika nie in siedendes Fett geben, weil er dabei verbrennt und bitter schmeckt.

Milchspeisen beim Kochen ständig rühren, weil sie leicht anbrennen und überkochen.

Jetzt ist es soweit, ihr könnt mit dem Kochen beginnen.
Wählt ein Rezept aus und lest es gut durch!
Legt alle Zutaten bereit!
Stellt Küchengeräte und Geschirr zurecht!
Alle Rezepte sind für vier Personen berechnet.
Gutes Gelingen!

Bunte Brote

Kräuteraufstrich
100 g Butter oder Feinmargarine
3 Eßlöffel gehackte frische Kräuter
1 kleine Zwiebel
Salz

Butter sahnig rühren, mit Kräutern (Petersilie, Schnittlauch, Dill), geriebener Zwiebel und Salz gut vermischen.

Tomatenaufstrich
100 g Butter oder Feinmargarine
2 Eßlöffel Tomatenmark
Paprika
Salz, Zucker

Butter sahnig rühren. Tomatenmark dazugeben. Mit Paprika, Salz und Zucker abschmecken.

Eierpilze
4 hartgekochte Eier
2 Tomaten
1 Eßlöffel Mayonnaise
8 Salatblätter
halbe Menge Salatsoße nach Rezept
4 Scheiben Toast

Eier schälen, am breiten Ende glattschneiden. Tomaten halbieren, Kerne entfernen. Auf jedes Ei eine Tomatenhälfte stülpen, mit Mayonnaisetupfen verzieren. Auf gewaschenen, marinierten Salatblättern anrichten, Toast dazu reichen.

Liptauer Käse
50 g Butter
300 g Quark
Salz
Paprika
Anchovispaste
2 Teelöffel Senf
1 kleine geriebene Zwiebel
1 Eßlöffel gehackte Kapern
1 Eßlöffel gehackter Schnittlauch
Petersilie
4 Scheiben Vollkornbrot

Butter sahnig rühren. Quark durch ein Sieb streichen, zur Butter geben und alle anderen Zutaten daruntermischen. Mit Petersilie garnieren und Vollkornbrot reichen.

Eieraufstrich
3 hartgekochte Eier
100 g Butter oder Feinmargarine
1 Bockwurst
Salz, Schnittlauch

Butter sahnig rühren, Eier und Bockwurst schälen, ganz fein hacken, mit der Butter vermischen. Mit Salz abschmecken und gehacktem Schnittlauch bestreuen.

Bunte Häppchen
4 Scheiben Brot
Kräuter- oder Tomatenaufstrich nach Rezept
Wurst, Schinken und Bratenreste
1 hartgekochtes Ei
Gurken- und Radieschenscheiben

Brotscheiben in Dreiecke schneiden, die einzelnen Zutaten abwechselnd mit Plastespießchen auf das Brot stecken.

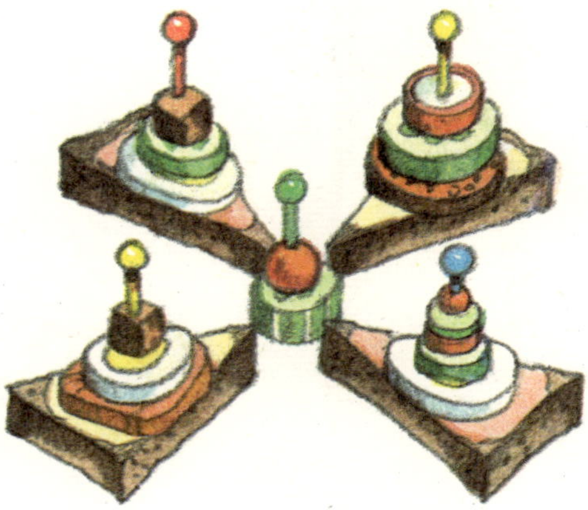

Rohkost und Salate

Möhren-Apfel-Salat
250 g Äpfel
250 g Möhren
1 Becher Joghurt
Zucker
Zitronensaft

Äpfel und Möhren waschen, schälen, reiben, mit einer Soße aus Joghurt, etwas Zitronensaft und Zucker vermischen. Sofort servieren.

Sauerkrautsalat
300 g Sauerkraut
1 Apfel, 1 Zwiebel
1 Teelöffel Zucker
2 Eßlöffel Salatöl
2 Eßlöffel Wasser
Salz
Petersilie oder Dill

Aus Wasser, Öl, Zucker, Salz und feingeschnittenen Kräutern eine Soße bereiten. Kraut zerkleinern, Zwiebel und Apfel reiben, alles gut vermischen.

Tomatensalat
500 g feste Tomaten
Salz
1 Eßlöffel gehackte Kresse
1 Zwiebel
Salatsoße nach Rezept

Tomaten waschen, abtrocknen, in Scheiben schneiden, leicht salzen, mit Zwiebelwürfeln und Kresse vermischen.
Mit Soße übergießen.

Radieschensalat
3 Bund Radieschen
Salatsoße nach Rezept
1 hartgekochtes Ei

Gewaschene Radieschen in dünne Scheiben schneiden, mit Soße übergießen, gut durchziehen lassen, mit Eischeiben verzieren.

Käse-Gemüse-Salat
2 Paprikaschoten
2 Tomaten
125 g Schnittkäse
$^{1}/_{2}$ Zwiebel
Salz
3 Eßlöffel Salatöl
3 Eßlöffel Essig

Paprikaschoten säubern, entkernen, in schmale Streifen schneiden. Gewaschene Tomaten in Scheiben, Käse und Zwiebel in kleine Würfel schneiden. Alles gut vermischen, mit einer Soße aus den übrigen Zutaten übergießen.

Kartoffelsalat
750 g Kartoffeln
1 Zwiebel
Salz
Pfeffer
Salatsoße

Kartoffeln in der Schale kochen, heiß abpellen, lauwarm in feine Scheiben schneiden. Mit Zwiebelwürfeln, Salz, Pfeffer und Soße mischen.
1–2 Stunden stehen lassen.
Mit Petersilie, Salatblättern und Gurkenscheiben garnieren.

Apfelsalat
600 g mürbe Äpfel
2 Eßlöffel Zitronensaft
Zucker
Zimt

Geschälte Äpfel raspeln, mit Zitronensaft, Zucker, Zimt verrühren. Kalt stellen.

Fruchtsalat
600 g gemischte rohe Früchte
1 Eßlöffel Zitronensaft
3 Eßlöffel Zucker
3 Eßlöffel geriebene Nüsse oder Mandeln

Gewaschene Früchte abtropfen lassen, zerkleinern, mit Zitronensaft, Zucker, Nüssen vermischen.
1 Stunde ziehenlassen.

Suppen und Kaltschalen

Brühe

250 g Suppenfleisch
2 l Wasser
150 g Suppengrün (Möhre, Sellerie, Kohlrabi)
1 Zwiebel
Salz
3 Pfefferkörner, Suppenwürze

Gewaschenes Fleisch mit kaltem Wasser und Pfefferkörnern ansetzen. Nach 30 Minuten Kochzeit Suppengrün, Zwiebel, Salz zufügen. Etwa 90 Minuten langsam weiterkochen. Durchseihen, mit Suppenwürze abschmecken.

Brühe mit Ei

4 Eier
gehackte Petersilie

In jede Tasse ein Ei schlagen, mit heißer Brühe auffüllen, schnell durchrühren, Petersilie darübergeben.

Eiereinlauf

2 Eier
1 Eßlöffel Milch
1 Messerspitze geriebene Muskatnuß,
gehackte Petersilie

Eier mit Milch und Muskatnuß verquirlen, unter Rühren in die siedende Brühe gießen, aufkochen lassen. Mit Petersilie bestreuen.

Kartoffelsuppe

600 g Kartoffeln
150 g Suppengrün
1 ½ l Brühe
1 Eßlöffel Mehl
Wasser
Petersilie

Kartoffeln schälen, würfeln, geputztes Suppengrün zugeben, mit heißer Brühe übergießen. Langsam garen, mit Mehl binden, gehackte Petersilie hineingeben.
Veränderung: statt Petersilie Majoran zugeben, mit kochen lassen.

Obstkaltschale mit Joghurt

500 g Beeren (Erd-, Heidel-, Him- oder Brombeeren)
3 Eßlöffel Zucker
1 l Joghurt

Gewaschene abgetropfte Beeren zuckern. 30 Minuten ziehenlassen, mit verquirltem Joghurt übergießen.

Kirsch-Kaltschale

500 g Kirschen
1 l Wasser
100 g Zucker
Zimt
1 Eßlöffel Stärkemehl
⅛ l Apfelsaft

Kirschen waschen, entsteinen, mit Wasser, Zucker und Zimt 10 Minuten kochen. Mit Stärkemehl binden, den Apfelsaft daruntermischen. Kalt stellen.

Soßen

Salatsoße
3 Eßlöffel Salatöl
1–2 Eßlöffel Essig
Salz
1 Teelöffel Zucker
1 Teelöffel gehackte Kräuter

Öl, Essig, Salz, Zucker gut vermischen, die Kräuter darunterrühren.
Veränderung: Selleriesalz oder Zitronensaft anstelle von Essig.

Helle Soße
40 g Margarine
40 g Mehl
$^{1}/_{2}$ l Flüssigkeit (Wasser, Brühe oder Milch)
Salz
1 Messerspitze geriebene Muskatnuß

Helle Mehlschwitze nach und nach mit kalter Flüssigkeit auffüllen, unter ständigem Rühren 20 Minuten kochen. Mit Salz und Muskatnuß abschmecken.

Tomatensoße
2 Eßlöffel Tomatenketchup
1 geriebene Zwiebel
Zucker
Essig
Paprika

Eine helle Soße mit Ketchup und Zwiebel verrühren, mit Zucker, Essig, Paprika abschmecken.

Senfsoße
30 g Margarine
30 g Mehl
$^{1}/_{2}$ l Flüssigkeit
Salz
Zucker
1–2 Eßlöffel Senf
Essig oder Zitronensaft

Margarine erhitzen, Mehl unter Rühren mittelbraun werden lassen, nach und nach mit kalter Flüssigkeit verrühren, durchkochen. Mit Essig oder Zitronensaft, Senf, Zucker, Salz abschmecken.

Gemüse – Kartoffeln

Blumenkohl

1 Blumenkohl
Salzwasser
50 g Butter
40 g Mehl
$^1/_8$ l Blumenkohl-Kochwasser
1 Ei
Salz
1 Messerspitze geriebene Muskatnuß

Geputzten, gewaschenen, in Röschen zerteilten Blumenkohl 10 Minuten in Salzwasser kochen. Brühe abschütten. Helle Mehlschwitze mit Flüssigkeit aufgießen, glattrühren, Salz und Muskatnuß zufügen, 10 Minuten kochen. Blumenkohl hineingeben, mit Ei abziehen.

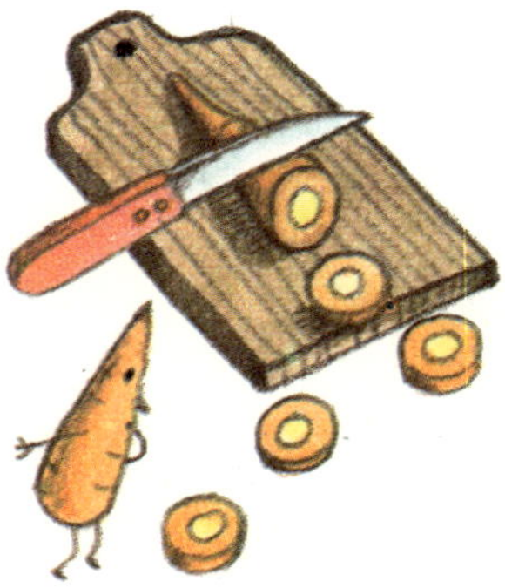

Möhrengemüse

600 g Möhren
50 g Butter
$^1/_4$ l Wasser
Salz
10 g Mehl
gehackte Petersilie

Möhren waschen, putzen, in Scheiben schneiden, in die heiße Butter geben, etwas Wasser zugießen, 10 Minuten dünsten. Mehl darüberstäuben, verrühren, restliche Flüssigkeit zugeben, salzen. Möhren weichdünsten, mit Petersilie bestreuen.

Kartoffelbrei

1 kg Kartoffeln
Salz
50 g Butter oder Margarine
$^1/_4$ l Milch
20 g Bratfett
1 Zwiebel
1 Eßlöffel Semmelmehl

Kartoffeln schälen, würfeln, in Salzwasser garkochen. Wasser abgießen, Kartoffeln fein zerstampfen. Butter und heiße Milch hinzugeben, den Brei so lange schlagen, bis er schaumig ist. Mit Salz abschmecken, nach Belieben mit in Fett gebräunten Zwiebelringen oder geröstetem Semmelmehl verzieren.

Bratkartoffeln

1 kg Kartoffeln
100 g Bratfett
1 große Zwiebel
Salz

Salzkartoffeln bereiten, Fett erhitzen, geschnittene Kartoffeln, Zwiebelwürfel zugeben, mit Salz bestreuen, braten, öfter wenden.

Teigwaren – Reis

Makkaroni
500 g Makkaroni
Salzwasser
50 g Butter, Margarine
oder ausgelassene Speckwürfel

Makkaroni in kleine Stücke brechen, in kochendem Salzwasser etwa 15 Minuten auf kleiner Stufe garen. Abgießen, abschrecken, mit erhitztem Fett durchschwenken. Tomatensoße dazu servieren.

Milchnudeln
1 l Milch
Salz
50 g Butter oder Margarine
250 g Nudeln
2 Eßlöffel Zucker, Zimt

Milch mit Salz und Fett zum Kochen bringen, Nudeln hineingeben, 20 Minuten auf Stufe I und 10 Minuten auf Stufe 0 ausquellen lassen. Zucker und Zimt mischen, Nudeln damit bestreuen.

Apfelreis
300 g Äpfel
$1\,^1/_2$ l Wasser
300 g Reis
Salz
Zucker
50 g Butter

Geschälte, zerschnittene Äpfel im Wasser aufkochen. Reis und Salz zufügen, 20 Minuten langsam ausquellen lassen. Mit gebräunter Butter und Zucker anrichten.

Ungarischer Reis
2 Beutel Kuko-Reis
Salzwasser
1 kleine Zwiebel
1 Lorbeerblatt
2 Gewürzkörner
50 g Butter
3 Paprikaschoten
50 g Tomatenketchup
20 g Margarine

Salzwasser mit Zwiebel und Gewürzen zum Kochen bringen, Reisbeutel einlegen, 10 Minuten garen, Beutel auf Sieb abtropfen lassen, herausgeschütteten Reis mit Butter vermengen. Paprikaschoten waschen, entkernen, in Streifen schneiden, mit Margarine und Ketchup in wenig Wasser dünsten, unter den Butterreis mischen.

Fleisch

Schnitzel
4 Schnitzel
Salz
Paprika
Mehl
1 Ei
Semmelmehl
Bratfett

Schnitzel klopfen, nacheinander mit Salz und Paprika einreiben, panieren. In heißem Fett auf beiden Seiten knusprig braten.

Gulasch
400 g Fleisch
50 g Fett
2 Eßlöffel Mehl
2 Zwiebeln
Salz
Paprika
$^1/_2$ l Wasser oder Brühe

Fleisch in Würfel schneiden, in heißem Fett anbraten, Zwiebelwürfel, Salz, Paprika zufügen. Im eigenen Saft schmoren (nur wenig Flüssigkeit zugießen). Ist das Fleisch weich, Mehl darüberstäuben, restliche Brühe zugeben. Durchkochen.
Veränderung: Tomaten oder saure Sahne mit schmoren.

Steak
4 Lendenschnitten (Filetsteak)
Salz, Pfeffer
50 g Bratfett
1 große Zwiebel

Steaks leicht klopfen, salzen, pfeffern, in heißem Fett schnell auf beiden Seiten je 3 Minuten braten. Zwiebelringe mit bräunen lassen.

Tatarbällchen
300 g Schabefleisch
1 Eßlöffel Senf
1 Teelöffel Zwiebelwürfel
1 Teelöffel Gewürzgurkenwürfel
1 Teelöffel gehackte Kapern
Salz, Paprika
2 Eigelb
1 Eßlöffel Kondensmilch
oder Sahne
1 Teelöffel gehackte Petersilie
Bratfett

Schabefleisch und alle Zutaten gut mischen, zu 8 Bällchen formen, in heißem Fett nur so lange braten, daß ein rosa Kern bleibt.

Fisch

So wird Fisch vorbereitet!

Forelle „Müllerin"

4 Forellen
Salz
2 Zitronen
50 g Butter
Bratfett
Petersilie

Forellen waschen, mit dem Saft einer Zitrone beträufeln, salzen, in Mehl wenden. Von beiden Seiten 4–5 Minuten braten. Auf eine vorgewärmte Platte legen. Butter erhitzen, gehackte Petersilie zufügen, sofort über die Forellen geben. Die andere Zitrone in Scheiben schneiden, Fische damit garnieren.

Fischfilet

600 g Fischfilet
Zitronensaft
Salz
Mehl
1 Ei
Semmelmehl
Bratfett

Fischfilet mit Zitronensaft beträufeln, salzen, panieren. In reichlich heißem Fett goldbraun braten.

Gedünsteter Fisch

800 g Fisch
Zitronensaft
Salz
100 g Margarine
Suppengrün
1 Zwiebel

Fisch säubern, säuern, salzen. Kleingeschnittenes Suppengrün, Zwiebelwürfel, Fisch in erhitzte Margarine geben. In zugedecktem Topf auf Stufe I 30 Minuten dünsten.

Eierspeisen

Rührei
4 Eier
4 Eßlöffel Milch
Salz
30 g Butter oder Margarine
Schnittlauch oder Petersilie

Eier, Milch, Salz verquirlen, in erhitzte Butter schütten, bei milder Hitze langsam rühren, bis alles flockig ist. Gehackte Kräuter überstreuen.
Veränderung: Schinken-, Wurst-, Tomatenwürfel oder Pilze zufügen.

Spiegeleier
4 Eier
Salz
30 g Butter oder Margarine

Eier einzeln auf einer Untertasse aufschlagen, vorsichtig in das heiße Bratfett geben, salzen. Bei milder Hitze braten, bis das Eiweiß fest ist.

Eier in Soße
4 Eier
helle oder Senfsoße nach Rezept

Eier hart kochen, abschrecken, schälen, halbieren. In Senfsoße oder helle Soße, die mit Petersilie oder Dill gewürzt wird, geben.

Hoppelpoppel
600 g gekochte Kartoffeln
60 g Margarine
8 Eier
Salz
Schnittlauch

Kartoffeln würfeln, braten, ausgeschlagene Eier mit Salz und Schnittlauch verrühren, über die Kartoffeln gießen. Bei milder Hitze vorsichtig wenden, bis die Eimasse fest ist.

Schnellgerichte

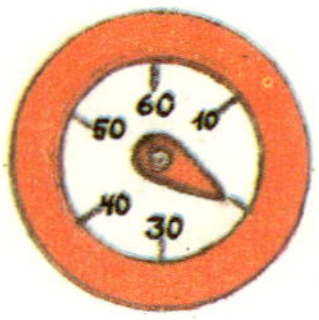

Bratwurst
4 Bratwürste
Bratfett

Bratwürste an den Enden fest zudrehen, in heißem Fett vorsichtig braten, damit die Haut nicht platzt.

Jägerschnitzel
200 g Jagdwurst
1 Eßlöffel Mehl
1 Ei
50 g Semmelmehl
50 g Bratfett

Jagdwurst in dicke Scheiben schneiden, Haut abziehen, panieren, auf beiden Seiten braten.

Linseneintopf
1 Päckchen Tempo-Linsen
200 g Blutwurst
1 Zwiebel, Bratfett

Linsen nach Vorschrift bereiten, Zwiebelringe bräunen, mit Wurstscheiben zur Suppe geben. Nach Belieben süß-sauer abschmecken.

Eierkuchen
1 Beutel Eierkuchenmehl
$^1/_4$ l Wasser
Bratfett
Zucker

Eierkuchen nach Vorschrift bereiten. Heiß servieren, mit Zucker bestreuen.

Hefeklöße mit Obst
2 Beutel Feinfrost-Hefeklöße
1 Glas Pflaumen oder Mischobst

Hefeklöße nach Vorschrift bereiten, mit dem Kompott servieren.

Süßspeisen – Kompott

Müsli

4 Eßlöffel Haferflocken
4 Eßlöffel Wasser
4 große Äpfel
4 Eßlöffel Kondensmilch
4 Eßlöffel Bienenhonig oder Zucker
1 Eßlöffel Zitronensaft

Haferflocken über Nacht in Wasser einweichen. Äpfel waschen, mit der Schale reiben. Alle Zutaten gut mischen.

Erdbeer-Joghurt

$\frac{1}{2}$ l Joghurt
Erdbeeren
Zucker

Joghurt in Schälchen füllen, gezuckerte Erdbeeren daruntermischen.
Veränderung: andere Früchte oder Konfitüre verwenden.

Erntebecher

Obst
Zucker
Joghurt
Knusperflocken

Frisches Obst der Jahreszeit waschen, zerkleinern, vorsichtig mischen, in 1 großes Glas legen und mit Zucker bestreuen. Joghurt darübergeben, mit Knusperflocken bestreuen.

Hexenschnee

1 Eiweiß
1 Tasse Zucker
1 Tasse Stachelbeer- oder Johannisbeersaft
2 Tassen abgetropfte Beeren

Eiweiß mit Zucker und Saft steifschlagen. Beeren in 4 Gläser verteilen, mit Fruchtschnee auffüllen.

Leckeres zum Kaffee

Lukullustörtchen

150 g Kokosfett
65 g Zucker
20 g Kakao
1 Ei
1 Packung Kekse
bunte Streusel

Zucker, Kakao, Ei verrühren, Kokosfett zerlaufen lassen, tropfenweise zufügen. Kekse mit der Masse bestreichen, mit Keksen abdecken, nochmals bestreichen, mit Streusel bestreuen, kalt stellen.

Quarktörtchen

1 Packung Torteletts
Quarkspeise nach Rezept
2 Eßlöffel Rosinen

Torteletts mit Quarkmasse füllen und mit gewaschenen Rosinen belegen.

Obsttörtchen mit Sahne

1 Packung Torteletts
2 Eßlöffel Marmelade
1 Glas Obst
1 Päckchen Tortenguß
1 Flasche Sahne
1 Päckchen Vanillinzucker

Torteletts mit Marmelade bestreichen, mit abgetropftem Obst belegen, mit vorschriftsmäßig bereitetem Tortenguß überziehen. Sahne mit Vanillinzucker steifschlagen, Törtchen damit verzieren.
Veränderung: statt Sahne einen Beutel Schlagschaum verwenden.

Knusperchen

75 g Butter
300 g Zucker
2 Eßlöffel Kakao
4 Eßlöffel Wasser
150 g Haferflocken
1 Päckchen Vanillinzucker

50 g Butter, Wasser, Zucker, Kakao aufkochen, vom Herd nehmen, die in der restlichen Butter gerösteten Haferflocken und Vanillinzucker unterrühren. Auf gefettetes Butterbrotpapier mit dem Löffel Häufchen setzen, trocknen lassen.

Zitronenecken

1 Rührkuchen (Kastenform)
1 Glas Marmelade
200 g Puderzucker
Saft von 2 Zitronen
geriebene Nüsse

Kuchen schneiden, jede Scheibe schräg teilen. Je ein Dreieck mit verrührter Marmelade bestreichen, zweites Dreieck darauflegen. Aus gesiebtem Puderzucker und Zitronensaft dickflüssige Glasur bereiten, Dreiecke damit überziehen, mit Nüssen bestreuen.

Der gedeckte Tisch

An einem sauberen, ordentlich gedeckten Tisch schmeckt es jedem noch einmal so gut, denn die Augen essen mit. Ein paar Blumen sollten täglich den Eßplatz verschönern. Zu jeder Jahreszeit findet ihr in der Natur Zweige, Blumen, Gräser.

So sieht der Tisch im Alltag aus:

Wenn Gäste kommen und an Festtagen wird der Tisch besonders schön gedeckt: